Το βιβλίο
αυτό
ανήκει στ...

....

Φωτεινή Στεφανίδη

ένα, δύο, τρία!

Σίγμα

ΕΝΑ, ΔΥΟ, ΤΡΙΑ!
1η έκδοση 2002

ISBN 960-425-088-4
Published and printed in Greece

ΕΚΔΟΣΕΙΣ ΣΙΓΜΑ, Μαυρομιχάλη 20, Αθήνα 106 80, Τηλ: 2103607667, Fax: 2103638941
www.sigmabooks.gr, e-mail: sbooks@otenet.gr

Στη Φροσύνη, τον Οδυσσέα
και τον Μιχάλη.

1

ένα πρόσωπο

Εκκλησιά ζωγραφιστή,
δυο παράθυρα στο φως,
μία πόρτα ανοιχτή
και καμπάνα σκαλιστή.

2
δύο παπούτσια

Όταν τα λύνω κάθονται
κι όταν τα δένω φεύγουν.

3

τρία κουμπιά

Αν μου φύγεις και σε χάσω,
το βοριά μέσα θα μπάσω.

4

τέσσερις πάπιες

Καμαρωτές κυράδες
πλέουν στα νερά,
στα πλουμιστά ή στ’ άσπρα,
φωνάζουν τον παπά.

5

πέντε δάχτυλα

Πέντε μάστοροι σωστοί
και ψηλοί μα και κοντοί.

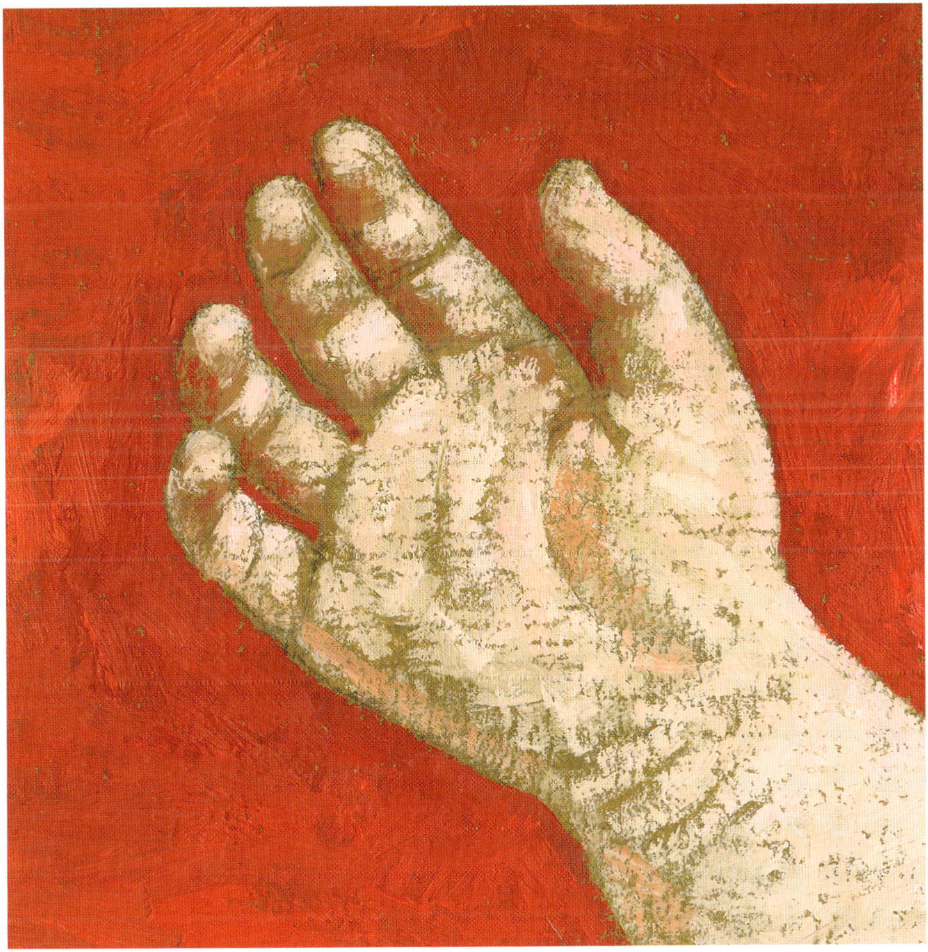

6

έξι κουταλάκια

Γαϊδουρίτσα φορτωμένη
στη σπηλίτσα μέσα μπαίνει.

7

εφτά μήλα

Ένα μόνο κάθε μέρα
το γιατρό τον κάνει πέρα.

8

οχτώ αστέρια

Πάνω απ’ το σπιτάκι μου
σεντόνι διαμαντένιο.

9

εννιά βότσαλα

Με τα χάδια τ' αλμυρά
γίνονται όλα στρογγυλά.

10
δέκα μπάμπουσκες

Προγιαγιά, γιαγιά και μάνα,
κόρη, παρακόρη, εγγόνα,
δισεγγόνα με μια κόρη
που 'χει κόρη και εγγόνα.

11

έντεκα χάντρες

Τρένο δίχως μηχανή
σέρνει ένα-ένα βαγόνι
και την ώρα τη σκοτώνει.

12
δώδεκα ξυλομπογιές

Ψηλόλιγνοι είναι χορευτές,
κοκκινομύτες κι ό,τι θες,
χορεύουν πάνω στο χαρτί,
δίνουν ζωή στο κάθε τι.

Ας μάθουμε την πρόσθεση!

1+1=2

Ένα ξανθό κορίτσι
και ένα μελαχρινό κορίτσι
μας κάνουν δύο κορίτσια.

$$2+1=3$$

Δύο αχλάδια
και ένα μήλο
μας κάνουν τρία φρούτα.

$$3+1=4$$

Τρία δέντρα αριστερά
και ένα δέντρο δεξιά
μας κάνουν τέσσερα δέντρα.

$$3+2=5$$

Τρεις μέλισσες πάνω στο λουλούδι
και δύο μέλισσες που πετούν
μας κάνουν πέντε μέλισσες.

$$3+3=6$$

Τρία αρκουδάκια καφετιά
και τρία αρκουδάκια άσπρα
μας κάνουν έξι αρκουδάκια.

$$4+3=7$$

Τέσσερα ξύλινα μανταλάκια
και τρία πλαστικά μανταλάκια
μας κάνουν εφτά μανταλάκια.

$$6+2=8$$

Έξι άσπρα σπίτια
και δύο κίτρινα σπίτια
μας κάνουν οχτώ σπίτια.

$$5 + 4 = 9$$

Πέντε μαύρες ομπρέλες
και τέσσερις πολύχρωμες ομπρέλες
μας κάνουν εννιά ομπρέλες.

$$6+4=10$$

Έξι κυκλάμινα
και τέσσερα γιασεμιά
μας κάνουν δέκα λουλούδια.

$$10 + 1 = 11$$

Δέκα πολύχρωμα πουλιά
και ένα μαύρο πουλί
μας κάνουν έντεκα πουλιά.

$$6 + 6 = 12$$

Έξι κίτρινα μπαλόνια
και έξι κόκκινα μπαλόνια
μας κάνουν δώδεκα μπαλόνια.

Μέτρησε
και ζωγράφισε
από το ένα
ως το δώδεκα.

1

Ένας ήλιος

2

Δύο κεράσια

3

Τρία αυτοκίνητα

4

Τέσσερις πεταλούδες

5

Πέντε σπίτια

6

Έξι μαργαρίτες

7

Εφτά μπάλες

8

Οχτώ παράθυρα

9

Εννιά πιρούνια

10

Δέκα κουλούρια

11

Έντεκα καρδούλες

12

Δώδεκα σπίρτα

Η Φωτεινή Στεφανίδη γεννήθηκε το 1962 στην Αθήνα. Την πρώτη επαφή με την τέχνη την είχε κοντά στον πατέρα της, τον ζωγράφο Γιάννη Στεφανίδη. Σπουδές ξεκίνησε σε ηλικία δεκαέξι χρονών, αρχικά σχέδιο, κατόπιν ζωγραφική, φρέσκο και χαρακτική στην Ανωτάτη Σχολή Καλών Τεχνών. Για πέντε χρόνια δίδασκε ζωγραφική και χαρακτική σε ομάδες παιδιών του δημοτικού. Έχει εικονογραφήσει ως τώρα πάνω από είκοσι βιβλία για παιδιά και μεγάλους. Έχει στο ενεργητικό της ατομικές και ομαδικές εκθέσεις ζωγραφικής, χαρακτικής και εικονογράφησης στην Ελλάδα και σε πολλές χώρες του κόσμου. Έχει τιμηθεί με το βραβείο του Κύκλου του Ελληνικού Παιδικού Βιβλίου, με το πρώτο βραβείο στην Μπιενάλε Αραβικού Κόσμου, βιβλίο της έχει αναγραφεί στον τιμητικό πίνακα της IBBY, έχει αποσπάσει πλακέτα εικονογράφησης στην Μπιενάλε της Μπρατισλάβα, και το πρώτο βραβείο στη Βαλκανική Τριενάλε Ex-libris του Βελιγραδίου.

ΤΟ «ΕΝΑ, ΔΥΟ, ΤΡΙΑ!»
ΜΕ ΖΩΓΡΑΦΙΚΑ ΕΡΓΑ ΤΗΣ ΦΩΤΕΙΝΗΣ ΣΤΕΦΑΝΙΔΗ, ΤΥΠΩΘΗΚΕ ΣΤΟ «ΦΩΤΟΛΙΟ», ΣΕ ΧΑΡΤΙ ΒΕΛΒΕΤ 200 ΓΡ. ΚΑΙ ΣΕ ΧΑΡΤΙ ΣΧΕΔΙΟΥ ΓΙΑ ΤΟ ΤΕΤΡΑΔΙΟ ΔΗΜΙΟΥΡΓΙΑΣ. ΤΑ ΑΙΝΙΓΜΑΤΑ ΣΤΟΥΣ ΑΡΙΘΜΟΥΣ ΕΝΑ, ΔΥΟ, ΕΞΙ, ΕΦΤΑ ΚΑΙ ΟΧΤΩ ΠΡΟΕΡΧΟΝΤΑΙ ΑΠΟ ΤΗΝ ΠΡΟΦΟΡΙΚΗ ΠΑΡΑΔΟΣΗ. ΤΑ ΥΠΟΛΟΙΠΑ ΤΑ ΕΓΡΑΨΕ Η ΦΩΤΕΙΝΗ ΣΤΕΦΑΝΙΔΗ ΜΕ ΤΟΝ ΜΑΡΙΟ ΠΕΛΩΝΗ ΚΑΙ ΤΟΝ ΓΙΑΝΝΗ ΣΤΕΦΑΝΙΔΗ. ΤΗΝ ΕΚΔΟΣΗ ΣΧΕΔΙΑΣΕ Η ΦΩΤΕΙΝΗ ΣΤΕΦΑΝΙΔΗ, ΤΟΥΣ ΔΙΑΧΩΡΙΣΜΟΥΣ ΤΩΝ ΧΡΩΜΑΤΩΝ ΚΑΙ ΤΗΝ ΕΠΙΜΕΛΕΙΑ ΕΚΑΝΕ Ο ΔΗΜΗΤΡΗΣ ΣΤΕΦΑΝΙΔΗΣ. Η ΒΙΒΛΙΟΔΕΣΙΑ ΕΓΙΝΕ ΣΤΟ ΕΡΓΑΣΤΗΡΙ ΤΟΥ ΔΙΟΝΥΣΗ ΔΕΔΕ. ΚΥΚΛΟΦΟΡΗΣΕ ΤΟ ΦΘΙΝΟΠΩΡΟ ΤΟΥ 2002 ΑΠΟ ΤΙΣ ΕΚΔΟΣΕΙΣ ΣΙΓΜΑ.